# 5 Regeln der Produktion

Marcus Karl HAMAN, MSc

Produktionsmanagement für Führungskräfte

Produktion ist ein lebender kultureller Prozess mit
eigenen Regeln und Strukturen.

Um Produktion richtig zu verstehen, muss Produktion
gelernt und erlebt werden.

Nicht im Lehrsaal - am Shopfloor!

Marcus Karl Haman

Marcus Karl HAMAN, MSc

# 5 Regeln

# der

# Produktion

Produktionsmanagement für Führungskräfte

Bibliografische Information der Deutschen Nationalbibliothek:

Die Deutsche Nationalbibliothek verzeichnet diese Publikation in der Deutschen Nationalbibliografie; detaillierte bibliografische Daten sind im Internet über http://dnb.dnb.de abrufbar.

Illustration: **Marcus Karl HAMAN, MSc, canstockphoto.at**

Übersetzung: **Marcus Karl HAMAN, MSc**


Herstellung und Verlag: BoD – Books on Demand

ISBN: 9783848226344

# Inhalt

# EINLEITUNG

Die Produktion ist, wie jede andere Branche, ein Unternehmensfeld mit eigenen Regeln und Strukturen. Vergleichbar mit einer Küche. Es gibt Rezepte und Zutaten, Töpfe und andere Werkzeuge, welche der Koch vermag zu einem Symposium der Gaumenfreude zu kreieren. Ein Spitzenkoch lernt das harte Handwerk viele Jahre und trotzdem schmeckt es nicht bei jedem Koch gleich gut.

Ein Beispiel hierfür: Ein Meisterkoch schreibt ein Kochbuch, in dem er alle Zutaten auflistet und beschreibt, exakte Mengen nennt und sein sehr präzises Rezept preisgibt, sodass alles, aber auch wirklich alles erklärt und beschrieben ist. Denken sie, dass es gleich gut schmeckt, sollte es von jemand anderen nachgekocht werden? Vielleicht, jedoch wird es immer anders und nie gleich gut schmecken.

Auf die Frage warum das so sei, kann nur eine Erklärung folgen:

**„Es kann nicht jeder kochen!"**

Und so verhält es sich auch mit der Produktion. Produktion muss verstanden werden. Derjenige, der denkt er hat auf der Universität Produktion gelernt, der irrt. Produktion wird am Shopfloor gelernt, von der Pike auf. An der Linie und nicht im Lehrsaal.

Und eines ist sicher: Produktion ist komplexer als man denkt.

# DIE 5 REGELN DER PRODUKTION

Regel 1. **Führung ist Kultursache –** Geben Sie eine Kultur vor, welche eine kontinuierliche und nachhaltige Verbesserung nicht nur zulässt sondern vielmehr fördert und fordert.

Regel 2. **Prozesse bewegen –** Prozesse bringen Definition in ihre Organisation wenn diese klar beschrieben und messbar sind. Sind Prozesse messbar, ist ihre Organisation messbar.

Regel 3. **Kennzahlen zeigen den Weg** – durch nachvollziehbare Ergebnisse werden Potentiale aufgezeigt welche genutzt werden müssen um am Markt zu bestehen und sich weiter zu entwickeln.

Regel 4. **Mit System & Methode ans Ziel** - Strukturierte Vorgehensweisen können nachvollzogen werden und sind aussagekräftig. Nutzen sie erprobte Methoden konsequent um Probleme nachhaltig abzustellen.

Regel 5. **Kunden & Lieferanten – gemeinsam sind wir stark!** – Eine Partnerschaft hat viele Vorteile. Gewinnen sie durch professionelles Verhalten Vertrauen beim Kunden. Eine Partnerschaft anzustreben ist ein wesentliches Ziel. Es lohnt sich für beide Parteien!

## Regel 1- FÜHRUNG IST KULTURSACHE!

- ➢ Einbeziehen aller Mitarbeiter

- ➢ GOK - Gemeinsam Offen Konsequent

- ➢ Teamorientiert

- ➢ Mitarbeiter fördern & fordern

- ➢ Lob & Tadel ist essentiell

- ➢ Kultur wird immer von oben gelebt

- ➢ Problemlösung ist Kultursache

Wer glaubt, dass er alles besser weiß, der irrt! Vor allem wenn es sich um Organisationen handelt. Ungenutzte Potentiale, welche am Shopfloor schlummern müssen geweckt und für das Unternehmen gewinnbringend genutzt werden. Fragen sie ihre Mitarbeiter, sie werden es ihnen danken. Jeder möchte Teil des Erfolges sein und nichts motiviert mehr als Erfolg. Nutzen sie diese Chance um im Team erfolgreicher zu sein.

Keiner weiß mehr über den jeweiligen Arbeitsplatz, als der oder die Mitarbeiter welche 8 Stunden, oder mehr, Tag für Tag, dort tätig sind. Ein Maschinenbediener der jeden Tag an „seiner" Maschine steht hört sofort veränderte Geräusche welche niemand anderer registriert. Diese sind enorm wichtig, da diese Geräusche meistens negative Veränderungen des Maschinenzustandes signalisieren und mit hoher Wahrscheinlichkeit etwas im Argen liegt. Er kennt die Maschine, die Anlage oder die Einrichtung. Er erkennt sofort jegliche Veränderung. Ebenso kennt der Mitarbeiter die Not, welche ihn tagtäglich stört, bzw. behindert sein Ziel zu erreichen. Welche Fehler die Anlage oder Maschine hat. Welche Verbesserungen er gerne hätte und wo der „Schuh" am meisten drückt. Er will nur gefragt werden. Er kommt meistens nicht von alleine, da er Angst hat als lästig oder als unangenehm aufzufallen, bzw. zu wirken. Sich mitgenommen und integriert zu fühlen, bzw. als ein

Teil vom Team, also sich zugehörig zu fühlen, motiviert und begeistert.

Mitarbeiter können nicht motiviert werden. Es kann jedoch ein Umfeld geschaffen werden, in dem sich die Mitarbeiter wohl fühlen und ihnen die Möglichkeit bietet sich selbst zu motivieren.

Ein betriebliches Vorschlagswesen hilft bei der Einbindung aller Mitarbeiter Ideen zu sammeln und das Wissen aller für die Organisation zu nutzen.

Nutzen sie die ungenutzten Potentiale aller Mitarbeiter! Mitarbeiter haben eigene Sicht- und Denkweisen, Ideen und Vorschläge, wie der Arbeitsplatz optimiert werden kann. Oft sind die Fähigkeiten einzelner Mitarbeiter der Organisation nicht bekannt. Die Erkennung und der richtige Einsatz ungenutzter Potentiale und Fähigkeiten sind Führungsaufgaben und tragen wesentlich zum Erfolg des Unternehmens bei.

- Der richtige Einsatz der Mitarbeiter nach deren Fähigkeiten ist essentiell für den Erfolg.

- Potentiale zu erkennen ist Führungsaufgabe

- Fragen der Mitarbeiter um Mitarbeit

- Nutzen von ungenutzten Potentialen aller Mitarbeiter

- Schaffen eines motivierenden Umfelds

- Motivation durch Erfolge

- Erfolge abfeiern

- Leben Sie die Kultur konsequent vor und fordern sie diese ein

Mitarbeiter wollen Klarheit. Sie können mit der Wahrheit besser umgehen und leben, als nicht zu wissen wo der „Zug" hinfährt. Mitarbeiter wollen ebenso Teil des Teams und des Erfolgs sein. Offen zu kommunizieren, integriert die Mitarbeiter und dadurch fühlen sich die Mitarbeiter als ein Teil vom Team. Visuelles Management hilft, um gezielte Informationen an die Mannschaft zu transportieren und somit zu integrieren. Dies kann in regelmäßigen Veranstaltungen oder bei Reviews stattfinden. Regelmäßige Informationsveranstaltungen zeigen, dass das Management auf die Mitarbeiter baut und deren Unterstützung benötigt um die ehrgeizig gesteckten Ziele zu erreichen.

Ein weiterer Punkt ist die Besprechungskultur. Auch hier gilt „weniger ist mehr"! Eine Besprechung abzuhalten um zu besprechen was eigentlich besprochen werden sollte, ist Verschwendung. Vor allem blockieren diese unnötigen Besprechungen wertvolle Zeit von denen, die dringend wo anders und meistens beim Kerngeschäft, also am Shopfloor benötigt werden. Dies gilt im Besonderen für Führungskräfte, welche oft stundenlang nicht am Shopfloor gesehen werden und die Mannschaft oft führungslos agiert. Führungskräfte haben die Aufgabe >80% am Shopfloor anwesend zu sein und sich um die Probleme, welche nicht im Büro zu finden sind, zu kümmern. Nur wenn Probleme sofort und kompetent gelöst werden, können Erfolge und nachhaltige kontinuierliche Verbesserung stattfinden.

Auch hier gilt die Regel der 3 Arten:

> Besprechungen die Probleme lösen
> Besprechungen die helfen Probleme zu lösen
> Unnötige Besprechungen welche nicht abgehalten werden sollten.

Zu bedenken ist auch die Anwesenheit der Teilnehmer. Nicht jeder Teilnehmer ist vielleicht notwendig und könnte auch in Kurzform informiert werden. Wie viele Besprechungen finden mit den falschen, oder mit zu vielen Teilnehmern statt? In wie vielen Besprechungen sitzen sie selbst und fragen sich „was tue ich hier eigentlich?" Hinterfragen sie vor der Besprechung ob ihre Anwesenheit wirklich zielführend ist. Eine Besprechung wegen des Besprechens zu besuchen oder abzuhalten ist Verschwendung.

Eine Anwesenheit nur um sein Revier zu verteidigen, oder anwesend zu sein um zu glauben, dass man dann wichtig sei und angesehen, der irrt. In einer teamorientierten Organisation wird in der „Sache" und nicht in der „Persönlichen" Ebene agiert und gehandelt. Die Erfolge der Mitarbeiter sind die Erfolge der Führungskräfte und somit die Erfolge der Organisation.

Vereinbaren sie als Führungskraft Ziele mit ihrem Team. Ziele zeigen den Weg auf und vermitteln ein

Bild, welches der Mitarbeiter benötigt um sich zurecht zu finden. Zielloses „herumeiern" motiviert sicher nicht! Geben sie den Mitarbeitern auch jegliche Unterstützung um die gesteckten Ziele zu erreichen! Bieten sie pro aktive Unterstützung an. Delegieren sie als Führungskraft und Vertrauen Sie ihren anvertrauten Mitarbeiter. Nicht blind, mit Kontrolle, welche jedoch viel weniger Ressourcen der Führungskräfte in Anspruch nimmt. Zu denken dass alles alleine zu bewältigen sei um zu beweisen, dass man unabkömmlich und unverzichtbar ist, ist der falsche Weg und vermindert die Umsetzungsgeschwindigkeit. Die Führungskraft die erkannt hat, dass es im Team effizienter und effektiver funktioniert, wird sehr schnell realisieren, dass die Erfolge des Teams auch seine sind.

**Fordern sie aber auch die Ziele, welche sie gemeinsam mit den Teammitgliedern vereinbart haben, konsequent ein.**

Verfolgen sie den Verlauf und überprüfen sie regelmäßig, ob der Mitarbeiter Unterstützung benötigt, oder gefordert werden muss seine Ziele ernst zu nehmen. Ziele vereinbaren und Ziele einfordern sind nur die ersten Schritte. Bei Abweichungen müssen aber konsequent andere Maßnahmen, welche vielleicht unangenehmer sind als die des Lobes eingeleitet und umgesetzt werden.

Auf Missstände deutlich aufmerksam zu machen und gegebenenfalls wirksam nachfassen gehört auch zur Führungsaufgabe. Führung beinhaltet auch diese Aufgaben wahr zu nehmen.

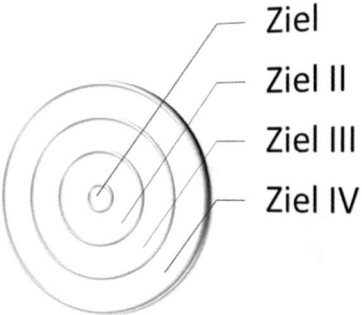

Ziel
Ziel II
Ziel III
Ziel IV

**Abbildung 1, Ziele vereinbaren**

Die Führung eines Teams unterscheidet sich wesentlich von einer streng hierarchischen Führung. Die teamorientierte Führung nutzt die Potentiale der Mitarbeiter und bezieht alle Mitarbeiter mit ein. Wo gegen der hierarchische Führungsstil einer Befehlsausgabe ohne Widerworte gleich kommt, schwarz weiß betrachtet. Die hierarchische Führungskultur wird nie eine Benchmark Position einnehmen und am Markt eine eher untergeordnete Rolle spielen. Der Grund ist das Vertrauen, die Integration und Motivation aller Mitarbeiter. Motivierte Mitarbeiter sind die Schlüsselfaktoren um kontinuierliche und herausragende Erfolge zu erzielen. Beide Führungsstile, hierarchisch und teamorientiert, und alles was dazwischen liegt haben ihre Berechtigung. Jedoch nicht alle Führungsstile führen zum Ziel und langfristig zum Erfolg in einer Organisation im produktiven Umfeld.

Der Vorgesetzte sollte sich als Teil des Teams sehen, respektiert werden und mit Aufgaben innerhalb des Teams versehen sein. Er hat zusätzlich zu seinen Aufgaben die Führungsrolle wahr zu nehmen, respektvoll und fair, konsequent und durchgängig. In einem Team muss jeder seinen Beitrag leisten und den anderen pro aktiv unterstützen. Es werden keine Einzelkämpfer gefördert, sondern ein Wissen auf breiter Basis mit Spezialwissen einzelner. Jedes Team ist nur so stark wie der Schwächste im Team.

Ein gutes Team wird die verschiedenen Phasen des Team Building Prozesses durchlaufen.

➢ forming - Orientierungsphase

➢ storming - Konfrontationsphase

➢ norming - Kooperationsphase

➢ performing – Wachstumsphase & eventuell

➢ adjouming – Auflösungsphase

Scheuen sie sich nicht vor der Konfrontationsphase. Es wird das Team nach vorne bringen. Es werden Themen auf der persönlichen Ebene eskalieren. Doch danach wird das Team umso stärker miteinander kooperieren und wachsen.

Die Befähigung der einzelnen Mitarbeiter zu fördern und zu gewehrleisten ist eine der wesentlichsten Aufgaben von Führungskräften. Erst nach der Befähigung der Mitarbeiter können auch Ergebnisse erwartet werden. Ohne Training, bzw. Schulung werden mehr Fehler entstehen, weniger Leistung erfolgen und viele Mitarbeiter werden dadurch beeinflusst, direkt oder indirekt.

Nachdem die Mitarbeiter geschult, also gefördert wurden, sollten diese die Ergebnisse einbringen, welche von ihnen erwartet werden. Die Mitarbeiter fordern ist ebenso wichtig als die Mitarbeiter zu fördern. Ehrgeizige aber erreichbare Ziele motivieren. Nicht haltbare oder zu leichte Ziele motivieren eher nicht und frustrieren die Mitarbeiter.

Fördern heißt jedoch nicht nur trainieren und schulen. Fördern heißt, die Potentiale jedes einzelnen zu erkennen, diese zu fördern und richtig in der Organisation einzusetzen. Die Mitarbeiter nach den Fähigkeiten zu beurteilen und die richtige Unterstützung zu Teil werden zu lassen. Ein mindestens einmal pro Jahr stattfindendes Mitarbeitergespräch hilft einerseits der Führungskraft die Fähigkeiten und Potentiale, welche erkannt wurden zu benennen und mit dem Mitarbeiter die nächsten Schritte inklusive der dazugehörigen Ziele zu besprechen, bzw. zu vereinbaren, und andererseits hat der Mitarbeiter beim Mitarbeitergespräch, welches immer ein 4 Augen Gespräch ist, die Möglichkeit seinen Frust und seine

Bedenken los zu werden. Das Mitarbeitergespräch muss in einem geschützten Rahmen stattfinden. Alles was innerhalb des Gespräches zu Tage kommt, hat den Raum nicht zu verlassen. Vor allem die persönlichen Aspekte und Sichtweisen. Die Führungskraft leitet für sich daraus Maßnahmen ab und setzt diese, wie vereinbart, um. Sei es auf der fachlichen oder auf der persönlichen Ebene. Beide Bereiche müssen betrachtet und gegebenenfalls gefördert, bzw. gefordert werden.

**Abbildung 2, Mitarbeiter fördern & unterstützen**

Die positive Wirkung „Danke" zu sagen nach erbrachter oder herausragender Leistung wird oft unterschätzt und nicht gelebt. Es wird als selbstverständlich angesehen, da die Mitarbeiter dafür bezahlt werden. Aber ist es nicht angenehm und wertschätzend den Mitarbeitern gegenüber sich persönlich bei ihnen für die erbrachten Leistungen zu bedanken? Versetzen sie sich in deren Lage und denken eine paar Sekunden darüber nach.

Es erzielt eine positive Wirkung, welche vielleicht nicht nur bei einzelnen Mitarbeitern verbleibt. Die Mitarbeiter werden sich wertvoll und beachtet fühlen. Und exakt dieses Gefühl motiviert weiter zu machen und eine noch bessere Arbeit zu leisten.

Die Mitarbeiter respektvoll und fair zu behandeln beinhaltet jedoch folgende Punkte:

➢ Ziele vereinbaren,

➢ Mitarbeiterleistung verbessern, Fehlverhalten korrigieren,

➢ Wirksam nachfassen,

➢ Leistungen halten,

➢ Coaching,

➢ Verstärken,

➢ Zusammenarbeit fördern

Vor allem die unangenehmen Themen, wie zum Beispiel bei Fehlverhalten müssen klar kommuniziert werden. Ein „Wegschauen" und somit tolerieren von Missständen und Fehlverhalten beeinflusst wesentlich das Verhalten aller anderen Mitarbeiter. Wenn der Vorgesetzte es toleriert, kann es nicht falsch sein.

## „Kultur wird immer von oben gelebt"

Der Mensch ist meistens bestrebt den Weg des geringsten Widerstandes zu folgen. Wenn er also die Maschine nicht reinigen muss, weil es keine Konsequenzen fordert, warum sollte er sich der unangenehmen Arbeit stellen? Er sieht die kurzfristige Sache und verschwendet keinen Gedanken daran, dass die Maschine mittel- und langfristig weniger Ausbringung, schlechtere Qualität liefert und eigentlich sein schönes und stressfreies Arbeitsleben ein Ende hat. Probleme kommen immer häufiger, der Druck des Managements wird durch Verfehlung der gesteckten Ziele auf den jeweiligen Vorgesetzten immer größer und meistens wird dieser auch gleich an die untere Ebene weiter gegeben. Es kommt auf kurz oder lang unweigerlich zur Eskalation.

Es mag unangenehm wirken, jedoch begeht der Mitarbeiter, welcher sich nicht an die Regeln hält, das Fehlverhalten und verschlechtert indirekt die Marktposition des Unternehmens. Schlimmer für das Team ist jedoch, dass andere Teammitglieder seine nicht durchgeführte Arbeit mitmachen müssen, um den

Erfolg des Teams, des Bereiches und der Firma nicht zu gefährden.

Hier müssen Führungskräfte erkennen und sofort handeln.

Unternehmenskultur wird stark durch die Führungsebene beeinflusst oder vorgegeben. Bei einer Befragung von Mitarbeitern und Führungskräften wurde die Unternehmenskultur im Durchschnitt unter die ersten drei Kategorien der wichtigsten Faktoren bei der Auswahl eines neuen Arbeitsgebers gelistet. Dies zeigt, dass der Umgang mit Mitarbeitern nicht zu unterschätzen ist. Vorleben statt erleben! Vorbildwirkung aller Führungskräfte hilft das Unternehmen voran zu bringen und die Marktposition zu stärken.

Die Unternehmenskultur wird durch folgende Themen sehr stark beeinflusst:
- ➢ Umgang mit Mitarbeitern
- ➢ Disziplin
- ➢ Offenheit und Ehrlichkeit
- ➢ Konsequentes Agieren
- ➢ Führungsstil
- ➢ Vorleben der Führungskräfte

Folgende Themen werden durch die Unternehmenskultur beeinflusst:
- ➢ Arbeitssicherheit
- ➢ Qualität
- ➢ Produktivität
- ➢ Kosten
- ➢ Organisationsentwicklung

Kurz gesagt, das gesamte Unternehmen wird durch die vom Top Management vorgelebte und eingeforderte Kultur geprägt.

**Ein Bairisches Sprichwort sagt: „Der Fisch fängt immer vom Kopf zum Stinken an"**

Dem kann nichts hinzugefügt werden.

**Abbildung 3, Der Fisch fängt vom Kopf zu stinken an**

Ein gutes Unternehmen unterscheidet sich von einem schlechten Unternehmen unter anderem, aber sehr eindeutig, von der Problemlösungskultur.

Eines ist klar, Probleme gibt es im aller besten Unternehmen. Der Unterschied liegt jedoch im Verhalten der Organisation im Problemfall. Gute Unternehmen reagieren sofort nach Prozess und kommunizieren offen die Problematik gegenüber dem Kunden. Die gute Organisation teilt jedoch nicht nur mit, dass die Organisation ein Problem hat, sondern ebenso welche Sofortmaßnahmen sie eingeleitet hat. Welche weiteren Schritte geplant sind und wer sich dafür verantwortlich zeigt, bzw. wer der Ansprechpartner ist, welcher sehr gerne die Anfragen des Kunden beantwortet, bzw. den Kunden pro aktiv über Neuerungen informiert. Der Kunde weiß, dass Probleme vorkommen können, er möchte jedoch sich und seinen Kunden so weit wie möglich schad- und klaglos halten.

**Nur zufriedene Kunden vergeben wieder einen Auftrag, nur begeisterte Kunden nennen deren Lieferanten Partner.**

Der Kunde möchte sich sicher fühlen, bzw. sich gut aufgehoben wissen, wenn es um sein Geschäft geht. Er versteht, dass Probleme stattfinden und zeigt dies auch. Er hat jedoch kein Verständnis wenn nicht unmittelbar kommuniziert wird, das Unternehmen nicht reagiert, defekte Teile das Werk verlassen und alles schön geredet wird. Wenn der Kunde den Informationen hinterher rennen darf, keinen Ansprechpartner hat welcher auch erreichbar ist und er die Information, dass fehlerhafte Teile im Umlauf sind aus eigener Erkenntnis erlangt. Dann entsteht Misstrauen und Unverständnis. Und eines ist klar: „alles kommt irgendwann heraus".

**Es ist wie bei Zahnschmerzen, sie wissen genau dass sie zum Arzt müssen, egal wie lange sie es noch rauszögern! Und es wird nie besser!**

Das Leben mit den Lieferanten und Kunden ist eigentlich kein schlechtes, wenn es richtig gelebt wird. Partnerschaften sollten das Ziel sein, um langfristig miteinander wachsen zu können. Ein Herr Lopez hat vorgezeigt, dass kurzfristig sehr viel bei Lieferanten zu holen ist, jedoch was hat das Unternehmen davon wenn es einen Lieferanten nach dem anderen in den Konkurs schickt, nur um sein eigenes Ergebnis zu verbessern? Es müssen neue Lieferanten qualifiziert und aufgebaut werden um keine „single source" Situation und somit eine Abhängigkeit zu erzeugen.

Partnerschaft heißt auch „leben und leben lassen". Fairness im Business ist eine der wesentlichsten Faktoren, welche zwischen Erfolg und Nichterfolg unterscheidet. Wenn ein Unternehmen dem Lieferanten nicht zurückspiegelt, wo sein Produkt zum Einsatz kommt, Verbesserungspotentiale aus Kundensicht kommuniziert, oder einfach nur alles ohne Begründung und pro aktiver Zusammenarbeit bemängelt, wird es nie eine „WIN WIN" Situation geben. Und es wird nie eine Situation, wo mittel- oder langfristig alle Beteiligten gewinnen, entstehen können.

- ➢ Das Ziel sollte eine Partnerschaft sein, welche langfristig gesehen wird

- ➢ Offene und ehrliche Kommunikation

- ➢ Zusammenarbeit ist wesentlich

- ➢ Probleme gemeinsam lösen

Die richtige Problemlösungskultur zeigt dem Kunden, dass der Lieferant pro aktiv nach Prozess agiert, bzw. strukturiert, effizient und effektiv die Organisation in der Lage ist am Markt zu bestehen. Des Weiteren zeigt der Partner somit den Kunden eine Zukunft mit dem jeweiligen Lieferanten auf.

## Regel 2 – PROZESSE BEWEGEN

➢ Prozesse klar definieren und dokumentieren

➢ Prozesse schulen / trainieren

➢ Ergebnisse einfordern / erwarten

➢ Prozesse messen und regelmäßig überprüfen

➢ Bei Abweichungen Gegenmaßnahmen einleiten & konsequent abarbeiten

Prozesse haben die Aufgabe alle Tätigkeiten und Vorgänge, bzw. Abläufe klar zu definieren, damit Mitarbeiter nachvollziehbar und messbar ihrer Tätigkeit nachgehen können, ohne ständig nachfragen zu müssen wie die Arbeit zu erledigen ist. Mit Hilfe von klar definierten und dokumentierten Prozessen, kann Verschwendung von Ressourcen erkannt und verhindert werden. Ebenso kann der Prozess gemessen und kontrolliert werden um Verbesserungspotentiale abzuleiten und umzusetzen, bzw. Abweichungen mit Gegenmaßnahmen zu beaufschlagen.

Prozesse sind klar definierte Regelwerke, welche auch entsprechend geschult und trainiert werden müssen, bevor diese zum Einsatz kommen. Zuerst die Befähigung vermitteln, danach die Ergebnisse erwarten. Auch die Verantwortlichkeit ist klar geregelt. Gut beschriebene Prozesse weisen eine klare Verantwortlichkeitsregelung in Form von einem RASI Chart auf.

Das RASI Chart steht für:

- ➢ R – Responsible
- ➢ A – Action
- ➢ S – Support
- ➢ I – Information

Natürlich gibt es auch eine deutsche Version des RASI Charts, das EDMI Chart:

- ➢ E – Entscheidung
- ➢ D – Durchführung
- ➢ M – Mitwirkung
- ➢ I – Information

Mit dieser Einteilung der beteiligten Mitarbeiter ist die Aufgabenverteilung pro Prozessschritt klar geregelt und lässt keine Fragen offen. Wichtig hierbei ist noch zu erwähnen, dass es nur einen Verantwortlichen im Bereich R (E) geben kann. Es kann nur einen geben der Entscheidungen trifft und dafür verantwortlich ist.

Gleichwertig der Verantwortlichkeitsregelung, müssen Prozesse auch regelmäßig überprüft werden. Kennzahlen sind hier zum Beispiel Durchlaufzeit, Qualität und Quantität. Ohne Messung kann nicht gesteuert werden.

Wenn sie nicht wissen wo sie stehen, können sie nicht wissen wie lange es dauert das angestrebte Ziel zu erreichen.

Auch Verbesserungspotentiale können nicht erhoben und realisiert werden. Messpunkte zu setzen ist nicht einfach. Es müssen alle Messpunkte hinterfragt und validiert werden. Denn Messen ist auch Arbeit und dadurch ein Aufwand, welcher sich rechnen muss. Nur des Messens willen, sollte nicht gemessen werden.

Den erstellten Prozess müssen dann alle betroffenen Bereiche absegnen. Niemand folgt gerne einem Prozess, zu dem er nicht zumindest befragt worden ist. Einbeziehen der beteiligten, bzw. betroffenen Mitarbeiter ist hierbei wesentlich um keine Blockaden zu errichten. Bleiben sie in der Sachebene und verhindern sie, dass ihr Prozess, Auslöser in Richtung persönlicher Ebene darstellt. Auch hier gilt, jegliche Abweichung ist nicht zulässig und muss dementsprechend kommuniziert und eingefordert werden. Disziplin und Selbstdisziplin wird hier groß geschrieben. Nicht herummotzen, sondern Probleme klar, direkt und sachlich aufzeigen um somit den Verbesserungsprozess zu fördern, bzw. voran zu treiben.

Nachdem Prozesse klar definiert wurden, müssen diese dem Business Excellence Modell und dem Hausverstand zur Folge trainiert werden. Die richtige Auswahl derer, welchen den Prozess anwenden sollen ist wichtig. Vor allem bei der Implementierung können Quertreiber weniger gebraucht werden als Mitarbeiter die offen an die Sache herangehen. Ein neuer Prozess stellt immer eine Herausforderung bei der Umsetzung dar.

Change Management lautet der neumoderne Begriff und bedeutet Veränderungsmanagement innerhalb einer Organisation.

Mitarbeiter müssen ihre Arbeitsweise umstellen, oder anpassen. Manche Mitarbeiter mögen keine Veränderungen und werden zuerst Fehler im Prozess suchen, um zu beweisen, dass die aktuelle Vorgehensweise besser ist, bevor sie den neuen Prozess einsetzen. Mitarbeiter investieren zum Teil mehr Energie die Umsetzung zu blockieren oder zumindest zu verlangsamen, als in die Umsetzung. Diese aufgezeigten Fehler sind jedoch Schätze für das Projekt! Potentiale welche zur Verbesserung herangezogen werden müssen. Vielleicht sind nicht alle aufgezeigten Fehler korrekt, sondern entstanden aus einer Emotion heraus. Jedoch sind sicherlich welche dabei die den Prozess verbessern. Nutzen sie diese Potentiale und teilen sie dem Team mit, dass der Prozess nochmals durch die Mithilfe des Mitarbeiter X, verbessert wurde und drücken sie deutlich ihren Dank aus. Somit wird der „blockierende" Mitarbeiter automatisch zum nicht Blockierer, da er ab jetzt Teil der Veränderung geworden ist. Je besser das Training verläuft, desto weniger Schwierigkeiten und Fehler werden nach der Implementierungsphase entstehen. Ein wesentlicher Teil nach der theoretischen Schulung, ist die praktische Schulung. Training on the job! Im Schulungsraum sieht alles ein wenig anders aus und der Trainer befindet sich mit den Mitarbeitern in einer geschützten Umgebung. Nach dem Training jedoch befinden sich die Mitarbeiter in der realen Arbeitswelt und müssen ihr Pensum bringen, welches ihnen auch vom Management abverlangt wird. Darum ist es wichtig, dass ein Teil des Trainings „on the job", also am Arbeitsplatz durchgeführt wird. Um einerseits den Mitarbeiter nicht alleine zu lassen und andererseits eine Validierung des Prozesses in der realen Arbeitswelt durchführen zu können. Wichtig hierbei ist wieder, dass alle Erkenntnisse in den Verbesserungsprozess miteinfließen, dem PDCA Kreis folgend (Plan Do Check Act Kreis nach Dr. Deming, gilt als Basis Modell jeglicher Verbesserungsthematik).

Nachdem der Prozess definiert, dokumentiert und geschult wurde, liegt die Erwartungshaltung des Managements, bezüglich der Ergebnisse aus dem neuen Prozess, hoch. Das Management hat alles Mögliche getan, bzw. unternommen, den Mitarbeitern die bestmögliche Voraussetzung zu bieten um die Ergebnisse jetzt auch zu realisieren. Der Fokus ist jetzt auf die Mitarbeiter und die Ergebnisse ausgerichtet. Wie in jeder Organisation gibt es Mitarbeiter die schneller und welche die etwas länger benötigen um den Prozess bestmöglich umzusetzen. Manche haben den alten Prozess so verinnerlicht, dass diese teilweise Probleme haben den neuen zu folgen. Vor allem in der geforderten Taktzeit.

Es gibt jedoch auch Mitarbeiter die gänzlich überfordert sind, dem Prozess in der richtigen Weise zu folgen. Hier ist der jeweilige Vorgesetzte gefordert einzuschreiten und zu hinterfragen, bzw. zu beurteilen und die richtigen Entscheidungen zum Wohle der Firma zu treffen.

Es gibt 4 Arten von Mitarbeitern:
- ➢ Mitarbeiter die den Job beherrschen
- ➢ Mitarbeiter welche Unterstützung benötigen um die erwarteten Ergebnisse zu erzielen
- ➢ Mitarbeiter die mit der neuen Situation überfordert sind, also deren Fähigkeiten überschreiten und
- ➢ Mitarbeiter die nicht wollen

Mitarbeiter die den Job beherrschen sollten auch dafür eingesetzt werden, um die anderen Mitarbeiter zu unterstützen. Gemeinsam als Team agieren, so die Botschaft.

**An alle Führungskräfte: Es ist nicht als Selbstverständlich anzusehen zusätzliche Arbeiten wie Trainings durchzuführen. „DANKE" zu sagen wäre eine Selbstverständlichkeit und wäre wertschätzend dem Mitarbeiter gegenüber.**

Mitarbeiter welche zusätzliche Unterstützung benötigen, sind in keinster Weise schlechte Mitarbeiter. Durch verschiedene Umstände sind diese Mitarbeiter einfach noch nicht bereit im vollen Umfang den Prozess umzusetzen. Deshalb ist Unterstützung vom Management gefordert, damit der Mitarbeiter so schnell wie möglich voll einsetzbar ist.

Es gibt natürlich auch Mitarbeiter, welche überfordert sind und es auch nicht schaffen werden, den Arbeitsplatz zu bedienen. Hier gilt es einen Arbeitsplatz zu finden wo der Mitarbeiter, seinen Fähigkeiten zur Folge, eingesetzt werden kann. Voraussetzung ist jedoch, dass der Mitarbeiter den Willen hat zu arbeiten. Und dies unterscheidet ihn von der letzten Kategorie.

Wenn ein Mitarbeiter nicht möchte, keinen Willen zeigt, dann gehört dieser Mitarbeiter nicht zum Team und gefährdet mit seinem „nicht wollen" das Unternehmen. Es gibt jedoch viele Umstände die Mitarbeiter dazu veranlassen „nicht zu wollen". Die Gründe müssen vom jeweiligen Vorgesetzten in einem 4 Augen Gespräch objektiv hinterfragt werden. Sollte dies nichts helfen und der Mitarbeiter verändert sein Verhalten nicht, gibt es nur noch eine Lösung, welche dem Unternehmen keinen weiteren Schaden beschert. Der Mitarbeiter muss abgebaut, bzw. freigesetzt werden. Er macht sich und der Firma keinen Gefallen, wenn er bleiben würde. Nicht zu wollen ist mit einer Arbeitsverweigerung gleich zu setzen.

**Abbildung 4, Mitarbeitergespräch**

Was nicht gemessen wird kann nicht gesteuert oder gelenkt werden.

Wenn sie nicht wissen wie schnell sie mit dem Auto fahren, wissen sie nicht wie lange benötigt wird um das Ziel zu erreichen.

Es ist wesentlich jeden Prozess zu messen. Messpunkte zu finden und aussagekräftige Kennzahlen zu implementieren. In der Produktion ist es vielleicht die Anzahl gefundener Fehler an einem Quality Gate. Eine weitere Kennzahl wäre die Anzahl der gefundenen Fehler pro Fehlerart, oder der Durchlauf in Stunden, für Arbeitskarten, etc. Die Ergebnisse aus solchen Messungen haben mehrere Funktionen. Die der Verbesserung des Prozesses selbst und der Eliminierung der aufgetretenen Probleme, welche durch den Prozess ersichtlich oder verursacht wurden. Auch sind alle Arbeitslasten, auch Arbeitspakete genannt, unter dem Fokus der Verbesserung zu sehen. Die Aufteilung solcher Arbeitslasten ist ein wesentlicher Faktor, welche die gesamte Produktivität, also die vom gesamten System beeinflusst. Ziel ist es eine homogene Auslastung aller Arbeitsbereiche oder Arbeitsplätze zu schaffen.

Diese Verbesserungspotentiale gilt es so schnell, effizient und effektiv wie möglich umzusetzen um den größtmöglichen Nutzen für das Unternehmen herausziehen zu können.

Jegliche Messungen sollten regelmäßig, der Situation und Möglichkeit angepasst, durchgeführt werden. Gegenmaßnahmen sind bei jeglicher Abweichung sofort zu definieren und konsequent abzuarbeiten. Und wieder kommt der PDCA Kreis als Basis Modell zur Anwendung. Bei konsequenter Anwendung und Umsetzung der Maßnahmen wird sich eine positiv ausgerichtete Spirale in Gang setzen.

**Abbildung 5, Ohne Messung keine Steuerung & Kontrolle**

## Bei Abweichungen Gegenmaßnahmen einleiten und konsequent abarbeiten

Abweichungen vom Prozess werden durch Messungen oder Vorfälle ersichtlich. Um den negativen Zustand zu verbessern oder nachhaltig abzustellen, müssen Gegenmaßnahmen eingeleitet werden, die einen nachhaltigen positiven Effekt erzielen. Diese Gegenmaßnahmen müssen sofort erfolgen. Die meisten Unternehmen erkennen Fehler und Missstände und besprechen diese auch ausgiebig. Eventuell auch im Detail, und nach einer intensiven Besprechung trennt sich die Gruppe wieder und geht den täglichen Dingen nach. Und hier trennen sich gute von schlechten Unternehmen. Die schlechteren Unternehmen reden darüber aber unternehmen nichts. Die guten Unternehmen leiten Gegenmaßnahmen ein und verfolgen diese konsequent während und die Ergebnisse auf Nachhaltigkeit, nach der Umsetzung.

Wichtig ist auch wie beim Prozess selbst Verbindlichkeiten zu etablieren. Verantwortlichkeitsregelung mit Terminen.

Folgende Daten müssen geregelt werden:

- ➢ Verantwortlichkeit
- ➢ Fertigstellungstermin
- ➢ Status der Umsetzung nach PDCA
- ➢ Tätigkeit / Maßnahme welche umgesetzt werden soll

Ein regelmäßiges Review aller Gegenmaßnahmen muss vom verantwortlichen Vorgesetzten durchgeführt werden. Verfehlungen müssen konsequent thematisiert und bei Wiederholung entsprechend geahndet werden. Kommen andere Probleme zum Vorschein, sind wieder Gegenmaßnahmen einzuleiten. So wiederholt sich der Abarbeitungsprozess immer wieder, dem PDCA Kreis folgend.

**Abbildung 6, Der PDCA Kreis**

## Regel 3 – KENNZAHLEN ZEIGEN DEN WEG

➢ Zahlen Daten Fakten – kein „hören sagen"

➢ Strukturierte Kennzahlenbereiche für Klarheit und Widererkennung- Findung der Mitarbeiter

➢ Aussagekräftige operative Kennzahlen definieren, dokumentieren & implementieren

➢ Transparent kommunizieren und regelmäßig mit der Mannschaft überprüfen

➢ Bei Abweichungen Gegenmaßnahmen einleiten & konsequent abarbeiten

ZDF statt ARD, bezieht sich nicht auf bekannte deutsche Fernsehsender. **ZDF** steht für **Z**ahlen **D**aten und **F**akten und **ARD** für **A**lle **R**eden **D**urcheinander. Um mit dem Unternehmen am Markt zu bestehen, müssen Ziele, ausgehend vom Leitbild über die Strategien, strategischen Zielen und Initiativen abgeleiteten Kennzahlen, jährlich gesetzt oder die bestehenden auf Plausibilität überprüft werden. Um diese auch zu verifizieren, bzw. das Ergebnis aus Maßnahmen und Aktion erkennen und bewerten zu können, müssen diese definierten Kennzahlen gemessen werden.

Die aussagekräftigsten Kennzahlen werden KPI, „**K**ey **P**erforming **I**ndicators", genannt.

Das Bauchgefühl, oder die Weisheit im Kaffeesud zu suchen, ist nicht wirklich belastbar. Vor allem wenn es darum geht am Markt zu bestehen, bzw. zu überleben. Aus dem Bauch zu entscheiden ist heutzutage grob fahrlässig und hat mehr mit Glücksspiel als mit professionellem Handeln zu tun.

Viele Entscheidungen werden getroffen ohne vorher hinterfragt oder validiert zu werden. Auch die Prüfung auf „Sachlichkeit" wird meistens nicht durchgeführt. Viele Entscheidungen, vor allem in der Personalpolitik werden mittels „hören sagen" getroffen. Entscheidungen, welche weitreichende Folgen nach sich ziehen können. So auch im Produktionsumfeld.

Entscheidungen in den verschiedensten Bereichen werden schnell und unüberlegt getroffen, da der Person vertraut wird, mit der schon jahrelang zusammengearbeitet wurde, oder mit dieser Person persönliche Beziehungen bestehen. Einer der meisten Gründe, warum Unternehmen nicht funktionieren, bzw. in den Boden „gerammt" werden, sind sogenannte „Seilschaften", bzw. „Freunderlwirtschaften". Diese gehen mit sehr großer Wahrscheinlichkeit schlecht für das Unternehmen aus.

Es sollte hinterfragt werden aus welcher Motivation heraus die eine oder andere „Empfehlung" gekommen ist. Meist stecken persönliche Belange hinter Empfehlungen, welche jedoch nicht immer im Interesse der Organisation oder der Firma stehen.

ARD ohne Verbindlichkeiten finden öfter statt, als im Normalfall angenommen wird.

Eine Situation aus der Praxis während einer Besprechung: „Wie sieht es denn mit der Qualität am Q-Gate aus?" „Nicht so schlecht, wir sind etwas besser geworden, haben aber immer noch Probleme. Wir werden Maßnahmen einleiten um besser zu werden." Wären Sie mit dieser Aussage zufrieden? Viele Manager sind es, unverständlicher Weise. An den Aussagen ist nichts was belastbar wäre. Eine schwammige Aussage, welche keinerlei Grundlage vorweist. Also ARD und nicht ZDF!

Wie würde eine verbesserte Version dieses Gespräches aussehen? „Wie sieht es denn mit der Qualität am Q-Gate aus?" „Die Situation ist noch immer angespannt. Gegenüber der Vorwoche konnten wir uns bei der Fehlerrate um 5% verbessern. Somit haben wir einen Wert von 23% Fehlerrate als IST zu einem SOLL von 10% für das Jahr 2012 zu verzeichnen. Der Trend zeigt in die richtige Richtung und das Jahresziel kann aus heutiger Sicht noch erreicht werden. Folgende Maßnahmen wurden getroffen um weiterhin die Fehlerrate zu reduzieren:

> Maßnahme 1 – Verantwortlich Herr X, Termin Y

> Maßnahme 2 – Verantwortlich Frau Z, Termin W

> u.s.w.

Wir rechnen mit einem weiteren Rückgang der Fehlerrate bis nächste Woche um weitere 10%, durch die eingeleiteten Maßnahmen, optimistisch gesprochen."

Hierzu werden die Maßnahmenpläne aufgelegt und auf Termintreue hinterfragt. Neue Maßnahmenpläne mit den neuen Punkten gleich danach.

Der Unterschied ist klar, oder? Verbindlichkeiten mit Zahlen, Daten und Fakten hinterlegt. Aussagekräftig und belastbar. Das nächste Review wird zeigen, ob die Rechnung aufgegangen ist, oder nicht. Wenn nicht sind weitere Schritte erforderlich. Die der Gegenmaßnahme.

Selbstverständlich werden alle offenen, auch die von den Vorwochen, Maßnahmen und Aktionen besprochen.

## Strukturierte Kennzahlen finden, klar und Verständlich dargestellt

Ohne Struktur wird es auch im Thema Kennzahlen nicht gehen. Die Mitarbeiter müssen sich leicht zurecht finden, um den gesteckten Zielen folgen zu können. Sie müssen ohne große Erklärungen erkennen können ob die Entwicklung in einem oder in mehreren der Bereiche positiv oder negativ verläuft.

Für die Produktion sind folgende Kategorien zum Beispiel sinnvoll:

➢ Arbeitssicherheit & Umwelt
➢ Qualität
➢ Produktivität
➢ Kosten
➢ Organisationsentwicklung

Die Arbeitssicherheit hat oberste Priorität, da der Mensch, also der Mitarbeiter im Mittelpunkt steht. Daher muss alles getan werden um den Arbeitsplatz sicher und ergonomisch zu gestalten. Arbeitsunfälle und Verletzungen bedeuten Mitarbeiterausfälle. Und dies wiederum bedeuten zusätzliche Kosten für das Unternehmen.

Qualität ist nach der Arbeitssicherheit die wichtigste Kategorie im Unternehmen und gegenüber dem Kunden immer die Nummer 1. Über Qualität sollte man nicht diskutieren. Qualität ist was Kunde wünscht und bereit ist dafür zu bezahlen. Qualität muss ebenso wie alle anderen Kategorien gemessen werden. Kennzahlen wie:

➢ Ausschussrate in %
➢ FTQ – first time quality
➢ Feldausfälle in ppm
➢ etc.

finden sich in vielen Unternehmen wieder.

Produktivität wird aus Profitgründen oft über die Qualität gestellt. Das ist falsch! Produktivität vor Qualität heißt nur, dass das Produkt noch teurer produziert wird als bisher. Wer glaubt, dass Qualität kostet, der irrt. Bei den Aufwendungen die Qualität höher abzusichern und voranzutreiben, als der Kunde es wünscht und bereit ist dafür zu zahlen, ist ebenso nicht in Ordnung, bzw. Verschwendung. Jedes Teil, welches nicht beim ersten Mal in Ordnung produziert wird, muss nochmals produziert, oder zumindest mit zusätzlichen Aufwand und Kosten repariert, bzw. einer Nacharbeit zugeführt werden, kostet also ungefähr das Doppelte der ursprünglichen Kosten. Es gibt wenig Produkte in der Serienfertigung, welche eine Marge von >100% aufweisen um diese Vorgehensweise zu finanzieren.

Und eines sollte nie vergessen werden:

**Das Unternehmen existiert nur aus einem einzigen Grund: PROFIT zu generieren und nicht Verlust!**

Kennzahlen für die Produktivität wären zum Beispiel:

➢ Taktzeit
➢ Produzierte OK Stückzahl
➢ Uptime / Downtime
➢ Durchlaufzeit
➢ etc.

In der Kategorie Kosten geht es wie der Name schon mitteilt, um Kosten. Jedoch sind es Kosten welche direkt von der Produktion beeinflusst werden können. Jede Aktivität, jede Aktion oder Tätigkeit spiegelt sich in den Kosten wieder. Hier geht es darum Kennzahlen zu finden die eine Aussage im Bezug auf Verbesserungspotentialen tätigen können. Hierbei wird mehr der Fokus auf den Trend als auf die Zahl selbst gelegt. Manche Kennzahlen in diesem Bereich sind als vertraulich eingestuft und können aus diesem Grund nicht öffentlich gemacht werden. Dies wäre zum Beispiel die Kennzahl Cost per Unit, welche jede der Konkurrenzfirmen gerne hätte. Diese werden nicht mit Zahlen sondern nur als Graphik dargestellt um den Trend zu erkennen.

Kennzahlen in der Kategorie Kosten sind zum Beispiel:

- ➢ Cost per unit (ohne Zahlen nur Graph)

- ➢ Manufacturing Cost total und YTD

- ➢ Inventory cost – Lagerkosten

- ➢ Reklamationskosten

- ➢ Etc.

Wie auch bei allen anderen Kategorien gilt auch hier der Satz „weniger ist mehr". Zu viele Kennzahlen bedeuten, dass der Fokus schwächer wird und sich immer mehr Mitarbeiter damit beschäftigen müssen die Zahlen zu pflegen. Der Sinn hinter den Kennzahlen ist es Verbesserungspotentiale ableiten zu können und zu wissen wo das Unternehmen steht. Auch hier muss die Botschaft an die Mannschaft gelangen. Zu viele Kennzahlen verwirren, bzw. überfordern vielleicht die Mitarbeiter. Mitarbeiter müssen sich damit identifizieren um dahinter stehen zu können. Somit wird es ebenfalls wichtig, dass alle Kennzahlen erklärt werden.

Organisationsentwicklung beschäftigt sich mit Personalthemen. Alle relevanten Themen werden hier in Kennzahlen widergespiegelt und dargestellt.

Kennzahlen wie zum Beispiel:

➢ Kontrollierbare Abwesenheit

➢ Überstunden

➢ Urlaubstage Gesamt

➢ Trainingsstunden Gesamt

➢ Anzahl Verbesserungsvorschläge pro Mitarbeiter

➢ etc.

Alle Kennzahlen sollten in einer Plant Score Card dargestellt werden. Das Ziel ist es auf einem Blatt Papier alle Kennzahlen darzustellen und übersichtlich in den 5 Business Plan Deployment Kategorien (Arbeitssicherheit & Umwelt, Qualität, Produktivität, Kosten und Organisationsentwicklung) zu ordnen. Somit können jederzeit Entscheidungen auf Grundlage von Kennzahlen getroffen werden, welche spätestens nach einer Woche aktualisiert wurden. Es sollten auch regelmäßige Reviews am Shopfloor mit dem Top Management stattfinden, damit jeder Mitarbeiter erkennt wie wichtig das Arbeiten mit Zahlen, Daten und Fakten ist.

Kennzahlen in einem Ordner oder im System zu horten und nicht zu kommunizieren, heißt den Verzicht auf potentielle Verbesserungsideen und Akzeptanz der gesamten Mannschaft.

Die Ergebnisse müssen der gesamten Mannschaft zugängig gemacht werden. Es sind Emotionen welche uns vorantreiben und motivieren. Sieht und erkennt ein Mitarbeiter, dass es jede Woche bergab mit den Ergebnissen geht, hinterfragt er, oder versucht die Lage aus seinem eigenen Interesse den Arbeitsplatz zu sichern, zu verbessern. Zumindest versteht und akzeptiert er dann die Maßnahmen des Top Managements mehr als ohne Informationen. Die monatlichen Reviews des Top Managements sollten aus diesem Grund am Shopfloor durchgeführt werden. Jeder Mitarbeiter sieht somit, dass:

➢ sich das Top Management nicht zu schade ist zum Shopfloor zu gehen,

➢ die Kennzahlen wichtig sind und

➢ sich das Top Management um die Arbeitsplätze und deren Probleme kümmert.

Dies sind alles Botschaften die dem Management helfen, Ziele zu verwirklichen, bzw. Gegenmaßnahmen bei Abweichungen umzusetzen. Das Verständnis der gesamten Mannschaft ist notwendig um sich kontinuierlich und nachhaltig zu verbessern. Und ohne Mannschaft wird sich nichts bewegen, mittel-, bzw. langfristig auch nicht mit Druck.

**Abbildung 7, Review, Besprechung mit dem Team**

## Bei Abweichungen Gegenmaßnahmen einleiten und konsequent abarbeiten

Wieder der PDCA Methodik folgend ist es essentiell bei jeglicher Abweichung Gegenmaßnahmen einzuleiten und konsequent abzuarbeiten und zu verfolgen.

Es ist im Wesentlichen eine Führungsaufgabe den Prozess am Leben zu halten, bzw. den Prozess voran zu treiben. Konsequentes Agieren ist hier der Schlüssel zum Erfolg. Die Verbindlichkeit bekommt Halt wenn alle geplanten Maßnahmen und Aktionen nicht verbal, vielmehr in schriftlich Form erfolgen. Die Verbindlichkeiten werden mit den klaren Definitionen in Form eines Verantwortlichen, der Aufgabe, den Fertigstellungstermins und den Status, manifestiert und kann nicht mehr negiert werden. Es liegt jetzt wiederum beim Manager die Termine einzufordern und Unterstützung zu bieten, sollte dies notwendig werden. Standardisierte Formulare wie Maßnahmen- und Aktionspläne helfen mit einem Wiedererkennungswert für die Mitarbeiter, welche für die Handhabung der Formulare geschult wurden und sich sofort zurecht finden können.

Eigentlich kein „Hexenwerk oder Rocket Science" und trotzdem scheitern so viele Projekte an so einfachen Tätigkeiten, wie konsequentes Handeln und es zu Ende bringen.

# Regel 4 – MIT SYSTEM UND METHODE ANS ZIEL

> ➢ Mit System & Methode Erfolge erzielen

> ➢ Auf Bewehrtes zurückgreifen

> ➢ Weniger ist mehr, „Qualität vor Quantität" Konzentration auf das Wesentliche

> ➢ Es gibt 3 Arten von Wege die zum Ziel führen

Wie vieles, entstanden Methoden und Systeme aus der Not heraus, Kosten einzusparen. Einer der Urväter von Systemen war Dr. Deming. Dr. Deming, geboren in den USA, wurde in Japan als Qualitäts-Guru bekannt als er unter anderem den PDCA Kreis, bzw. Methode ins Leben rief.

Der PDCA Kreis gilt bis heute als Basis für jede Art von kontinuierlicher Verbesserung. Er findet sich in den meisten Methoden und Systemen als Grundstein wieder. Der PDCA (Plan Do Check Act) Kreis sagt folgendes aus:

Plane vor der Umsetzung, überprüfe das geleistete und leite bei jeglicher Abweichung Gegenmaßnahmen ein. Danach beginne wieder von vorne. Also ein kontinuierlicher Verbesserungsprozess, welcher kein Ende kennt und positiv ausgerichtet ist.

Methoden und Systeme helfen um im Produktionsumfeld effizient und effektiv agieren zu können. Je einfacher Methoden & Systeme aufgebaut werden, desto schneller werden diese verstanden und akzeptiert. Und eben diese Akzeptanz wird benötigt um erfolgreich am Shopfloor agieren zu können. Ohne dass die gesamte Mannschaft „mitgenommen" wird, können keine Verbesserungen, bzw. Ergebnisse vom Management erwartet werden. Vor allem keine nachhaltigen.

Auch hier spielen Training und Schulung eine wichtige Rolle.

Methoden und Systeme sind bei richtiger Nutzung mächtige Werkzeuge, welche sehr effizient zum Erfolg führen können.

Methoden wie zum Beispiel:

➢ KVP – Kontinuierlicher Verbesserungs- Prozess
➢ TPM – Total Productive Maintenance
➢ Strukturierte Problemlösung /8D Reports
➢ Morgenbesprechung
➢ 5S – Arbeitsplatzorganisation
➢ Business Plan Deployment
➢ VSM – Value Stream Mapping
➢ 7 Arten der Verschwendung
➢ etc.

sind nur einige welche immer wieder gerne und erfolgreich eingesetzt werden um die Organisation zu verbessern. Solche Systeme können nicht nur am Shopfloor eingesetzt werden. Auch die Support Bereiche profitieren vom Einsatz von Methoden sehr.

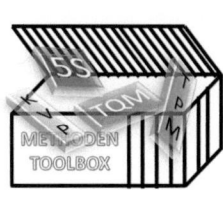

Das Management hat das Ziel, so schnell wie möglich Erfolge zu erzielen, welche kontinuierlich und belastbar sind um nachhaltig Kosten einzusparen,

**Abbildung 8, Tool Box**

bzw. die Organisation stetig nach vorne zu bewegen.

Methoden und Systeme haben auch eine positive Wirkung auf die Mannschaft am Shopfloor. Die positive Seite ist, dass nach der Einführung, welche meistens mit Widerstand der Mannschaft erfolgt, erste Ergebnisse erzielt werden, die der Werker am Arbeitsplatz direkt zu spüren bekommt. Er merkt eine Veränderung in dem sein Arbeitsplatz zum Beispiel immer weniger Störungen aufweist und sauberer wird. Die Qualität besser wird und seine Produktivität steigt. Dies hat die Auswirkung, dass der Werker nicht mehr unter einem hohen Stress- Level steht und trotzdem die gesteckten Ziele erreicht, oder sogar übertrifft. Ab diesem Zeitpunkt wird normalerweise der Werker vom „Gegner" des Neuen, zum „Treiber" und Botschafter des Neuen. Er möchte den Zustand erhalten, bzw. ausbauen um ein ruhigeres Arbeitsleben zu erhalten.

Wenn das Management es schafft dieses zu erreichen, wird der neue Prozess, die Methode zum Selbstläufer. Somit ergibt sich eine WIN WIN Situation innerhalb des Unternehmens.

Ein wesentlicher Erfolgsfaktor ist, wenn das gesamte Management hinter der neuen Methode steht und dies auch demonstrativ zeigt. So auch bei General Motors Austria, wo der General Direktor sich einen blauen Overall anzog und mit seinem Management Team und einigen Mitarbeitern aus der Linie eine Maschine abschaltete um diese zu reinigen. Damit demonstrierte er eindeutig und unmissverständlich, dass die neue Methode TPM Unternehmensstrategie ist und kein Weg daran vorbei führt. Den Respekt aller Werker bekam er obendrein und manche Werker erzählen noch heute von dieser Aktion. Auch hier ist der Satz: „Kultur wird immer von oben gelebt" voll anwendbar. In positiver Art und Weise.

Methoden und Systeme helfen! Die Einführung und Implementierung ist meistens mit Aufwand und Mühe verbunden, zahlt sich aber schon kurzfristig aus.

➢ Methoden und Systeme sind sinnvoll

➢ Einführung oft umfangreich

➢ Management muss geschlossen dahinter stehen

➢ Kommunikation essentiell

Ein wesentlicher Fehler, den einige Unternehmen vollzogen haben ist alles neu erfinden zu wollen. Sehr viel Energie und Ressourcen aufzuwenden um eigene Systeme zu erfinden und zu glauben schlauer zu sein als rund 30 Jahre Entwicklung in den verschiedensten Industrien.

Viele Unternehmen denken, wenn sie neue Systeme & Methoden erfinden und implementieren heben sie sich von der Konkurrenz nachhaltig ab und erzielen dadurch einen wesentlichen Marktvorteil.

**Das ist eindeutig falsch!**

Der Unterschied zwischen den verschiedenen Unternehmen, bezogen auf Erfolg resultierend aus umgesetzter und implementierter Methoden und Systeme, liegt nicht in der Erfindung neuer Methoden. Der Erfolg resultiert in der konsequenten Umsetzung und kontinuierlichen Anwendung der eingesetzten Methoden und Systeme.

Ein System einzuführen ist schnell erledigt. Auswahl der Methode, Schulung der Mitarbeiter und Implementierung. Und schon können Erfolge eingefahren werden. Ein gewaltiger Trugschluss! Es bedeutet viel Arbeit ein System zum Laufen zu bringen und noch mehr Arbeit und Aufwand es am Leben zu erhalten. Jedoch steigt auch der Erfolg, bzw. die positive Entwicklung der erzielten Ergebnisse, welche sich mehrfach zur investierten Arbeit entwickelt.

> ➢ Bewehrte Methoden und System, welche seit vielen Jahren in verschiedenen Bereichen der Industrie im Einsatz sind, sind viel effizienter als neue einzusetzen.

> Bewährte Methoden können sofort und gegebenenfalls auch mit externer Hilfe implementiert werden.

> Auch bewährte Systeme & Methoden müssen an die jeweilige Organisation und Situation angepasst werden, jedoch bleiben diese in der Basis unberührt.

> Neue Methoden erfinden bedeutet hohe Aufwendungen in verschiedenen Bereichen und Themen.

> Keine Garantie bei Einführung von Methoden & Systemen auf Erfolg, egal ob bewährt oder neu. Konsequente Führungsverantwortung ist hier gefordert.

> Weniger aber dafür fundiert ist besser als alle Systeme & Methoden anzuwenden und damit die Mannschaft zu überfordern

Ein klassischer Fehler bei der Einführung von Methoden und Systeme ist es zu viele Methoden gleichzeitig einzuführen. Das überlastet die Organisation und die Mannschaft kann nicht mehr folgen. Erfolge bleiben aus und neue Methoden haben kaum Chancen zum Erfolg.

# Weniger ist mehr, „Qualität vor Quantität" Konzentration auf das Wesentliche

Das Sprichwort „weniger ist mehr" trifft in der Thematik Methoden & Systeme mehr als zu. Überladung von Kapazitäten der Mannschaft und Überforderung der Organisation sind „Scheiter Rezepte", welche oft keine Beachtung finden, bis es eskaliert.

Es gibt eine Vielzahl an Methoden & Systeme im Bereich Produktion. Die meisten haben ihre Berechtigung und sind sehr wirksam. Manche sind oder werden oft wirksamer in Kombination mit anderen. Die Schwierigkeit ist es, die richtigen Methoden und Systeme für die jeweilige Organisation zu finden. Es gibt kein „Kochrezept" für den Einsatz. Jede Organisation muss selbst evaluieren, welche Methoden für das jeweilige Unternehmen herangezogen werden soll. Eines ist jedoch klar – Es sollten in einem Unternehmen immer die gleichen Systeme und Methoden zur Anwendung kommen. Erfahrungen mit den Instrumenten und Werkzeugen sind wesentliche Erfolgsfaktoren in der Umsetzung. Es ist ratsam eine „Truhe" mit Methoden und Systemen, welche im Unternehmen zum Einsatz kommen sollen, zusammen zu stellen und zu verifizieren. Danach muss, wie schon erwähnt die Mannschaft trainiert und geschult werden. Theoretisch wie praktisch. Alle Methoden und Systeme müssen hinterfragt werden und gegebenenfalls auf die jeweilige Organisation angepasst werden. Das heißt nicht etwas Neues zu erfinden, es heißt lediglich sich mit der Methode auseinander zu setzen und die Basis, bzw. das Grundmodell zu belassen. Jede Organisation hat Eigenheiten, welche im Grundmodell des Systems nicht verankert, bzw. keine Rücksicht genommen wurde. Die Methoden sind als Instrumente zu sehen auf denen gelernt werden muss zu spielen und manchmal eine Oktave höher.

Bei der Auswahl bleibt die „goldene" Regel „Weniger ist mehr". Konzentrieren sie sich auf das Wesentliche bei der Auswahl und verzichten sie auf „nice to have" Systeme. Der Mut zur Lücke ist hier ein wesentlicher Schritt um sich auf die für die Organisation wichtigen Belange zu kümmern.

Ein weiterer Kardinalsfehler ist es alles auf einmal zu beginnen und alle Probleme an einem Tag lösen zu wollen. Die Geschichte hat uns mehrfach gezeigt, dass Mehrfrontenkriege nicht zu gewinnen sind. Konzentration auf ein Problem, dieses nachhaltig lösen und danach auf ein weiteres. Selbstverständlich immer nach Priorität. Eine Pareto Auswertung der Probleme und die Anwendung der 80/20er Regel, hilft um die richtige Priorität zu setzen.

# Es gibt 3 Arten von Wege, welche zum Ziel führen

Viele Wege führen sprichwörtlich nach Rom. Dies ist zwar richtig, jedoch sind die meisten davon nicht effizient und effektiv. Es gibt viele Arten Probleme zu lösen, die wenigsten sind kostengünstig. Methoden und Systeme helfen, wenn diese richtig ausgewählt und genutzt werden, Kosten zu sparen. Der entscheidende Faktor ist jedoch Zeit. Zeit ist bekanntlich Geld. Je länger Ressourcen gebunden werden um ein Problem zu lösen, desto höher wird der Verlust während der Zeit bis zur Erreichung der gewünschten Erfolge.

Es gibt während einer Problemlösung verschiedene Aktivitäten, Maßnahmen und Aktionen, welche zum Erfolg führen sollten. Jedoch sind viele nicht zielführend und daher als Verschwendung an zu sehen.

Es gibt 3 Arten von Wegen / Prozesse / Methoden:

➢ Jene die ans Ziel führen
➢ Jene die helfen ans Ziel zu kommen &
➢ Unnötige, welche eliminiert werden müssen!

Folgt das Management dieser einfachen aber sehr effektiven Methode der Selektierung, wird schnell klar welche „Wege" ans Ziel führen und welche nicht.

Auch hier steht konsequentes Agieren an oberster Stelle. Denn wir sind von Natur aus Jäger und Sammler und können uns nur sehr schwer von „Dingen" oder Vorgehensweisen trennen.

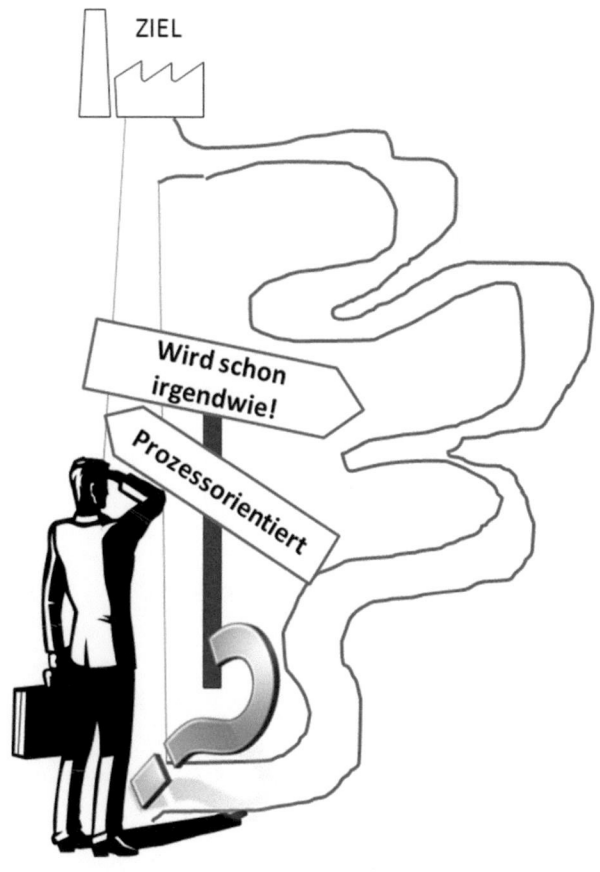

**Abbildung 9, Prozessorientiert agieren**

## Regel 5 – KUNDEN & LIEFERANTEN, GEMEIN-SAM SIND WIR STARK!

- ➢ Partnerschaften sind gewinnbringender als Kunden- Lieferanten- Beziehungen

- ➢ Offene Kommunikation zwischen Lieferanten und Kunden

- ➢ Gemeinsam den Markt besiegen

## Partnerschaften sind gewinnbringender als Kunden- Lieferantenbeziehungen

In Folge eines Wechsels des Top Managers eines großen Automobilkonzerns, wurden die Strategien in Bezug auf Lieferanten, bzw. Lieferantenbeziehungen neu überdacht und ausgerichtet. Es galt nicht mehr die Zusammenarbeit zu verbessern und einen gemeinsamen Weg zu beschreiten. Der Fokus wurde streng auf Einsparungen gelegt und auch so umgesetzt. Lieferanten wurden, folgend der neuen Strategie, wo es nur ging, im Thema Kosten ausgepresst.

Einige überlebten die Strategie, andere nicht. Aber was passiert danach? Ein Lieferant fällt weg und kann den Kunden wegen seiner Insolvenz nicht mehr beliefern. Der Kunde muss eine neue Quelle suchen, damit dieser nicht in ein Abhängigkeitsverhältnis mit einem anderen Lieferanten kommt. Die Suche beginnt und der Qualifizierungsprozess wird mühevoll gestartet. Es verstreichen Monate bevor der neue Lieferant das Automobilwerk beliefern darf und kann.

Kosten und Risiken entstehen auf der Seite des Werkes, ebenso wie auf der Seite des Lieferanten. Die Kommunikation wird auf das Wesentlichste beschränkt. Informationen, welche dem Lieferanten helfen würden, fließen eher spärlich. Mit jedem Fehler, der in einer pro aktiven Partnerschaft gemeinsam gelöst geworden wäre, wird deutlich notiert und als Druckmittel zur Reduzierung der Einkaufskosten genutzt. Somit fängt das ganze Auspressspiel wieder von vorne an.

Dies wurde als klassische Lieferanten-, Kunden-
beziehung angesehen.

Die Vorteile einer langfristigen Geschäftsbezie-
hung zwischen Lieferanten und Kunden liegen in der
Zusammenarbeit. Wenn erkannt wird, dass die Probleme des Lieferanten auch die Probleme des Kunden
sind, wird sehr schnell klar wo die Vorteile für beide
Parteien liegen.

Partnerschaften, welche langfristig gesehen und
angestrebt werden, haben mehr Vorteile für alle Beteiligten. Der Kostendruck ist zwar noch immer vor-
handen, jedoch wird dieser nicht generell, sondern
gezielt eingesetzt. Auch die Automobilindustrie hat
dazu gelernt und versucht in Richtung  Partnerschaft
zu gehen.

So werden Schwerpunkte wie Lieferantenmanagement und Lieferantenentwicklung gesetzt. Fir-
men senden oft wochenlang eigenes Personal in die
Lieferantenwerke um dort gemeinsam mit den Lieferanten die Standards her- und die Qualität sicher zu
stellen. Der Zweck hinter solchen Aktionen ist, den
Lieferanten so schnell wie möglich auf „Schiene" zu
bekommen und keine Überraschungen, bzw. Liefer-
schwierigkeiten im eigenen Werk oder zum Kunden
zu bekommen. Lieferantenmanagement und Entwicklung ist wie eine Versicherung, bzw. als Risikomini-
mierung zu sehen. Es entstehen auch hier Kosten,
jedoch in keiner Relation zu den Kosten welche im
Fehlerfall entstehen würden.

Ebenso funktioniert es bei Entwicklungsprojek-
ten. Voneinander lernen steht hier im Vordergrund.
Produktschulungen werden durchgeführt um mehr

Verständnis, zum Beispiel für die Einbaulage oder die Verwendung und Funktion selbst zu bekommen. Dies hilft natürlich bei der Entwicklung eines Produktes ebenso wie bei der Produktion danach und spart sinnvoll Kosten.

**Qualität ist nicht nur produktbezogen, Qualität ist auch in allen anderen Themen zu finden. So auch im Umgang mit dem Kunden, bzw. Lieferanten.**

Und so profitieren alle Parteien davon.

## Offene Kommunikation zwischen Kunden und Lieferanten

Um die Vorteile einer Partnerschaft und einer offenen Arbeitsweise nutzen zu können muss eine offene Kommunikation, am besten über den kurzen Dienstweg, angestrebt werden. Es ist von Vorteil wenn sich die beiden betroffenen Parteien kennen. Wenn möglich auch persönlich, ein Gesicht zum Namen und zur Stimme. Somit wird, vorausgesetzt die „Chemie" stimmt, nicht sofort scharf geschossen und eskaliert, sondern versucht sachliche Lösungen zu finden, sollten Probleme auftreten.

Ein Anruf ist viel persönlicher als ein seitenlanger e-Mail Verkehr. Der Kunde wünscht, vor allem wenn ein Problem auftritt, dass jemand erreichbar ist, dem er sein Leid, bzw. das Leid des Unternehmens mitteilen oder klagen kann. Am besten jemanden den er kennt und auf den er sich verlassen kann. Der Kunde will seinen Frust loswerden und sicherstellen, dass sofort reagiert wird, und nicht erst nach dem vierten Eskalationsmail mit Androhungen auf Geschäftsleitungsebene.

Offene Kommunikation ist eine wertvolle Investition, welche hilft mit dem Kunden persönlich in Kontakt zu bleiben. Persönliche Beziehungen zum Kunden, dürfen nicht unterschätzt werden. Darum empfiehlt es sich die Kundenbetreuer, oder QM Mitarbeiter, welche direkten Kontakt mit den Kunden haben auf die Reise zu schicken, um den Kontakt zu pflegen, bzw. auszubauen.

Dies gilt auch in die andere Richtung. Die Kommunikation mit den Lieferanten steht vor allem in der Weiterentwicklung der Produkte im Vordergrund. Hier ist der Input des Lieferanten sehr wertvoll für den Kunden. Das gebündelte Know How von beiden Parteien stärkt für beide die Marktposition und reduziert die Fehlerquote und somit die Kosten.

Um am Markt zu bestehen, muss das Kerngeschäft unter Kontrolle sein. Doch was ist das Kerngeschäft und welche Tätigkeiten oder Prozesse sind noch im Unternehmen etabliert.

**Eine alte chinesische Weisheit besagt, dass „je länger die Speisekarte in einem Restaurant, desto geringer die Qualität der einzelnen Speisen."**

Es kann schon etwas Wahres daran gefunden werden. Vor allem in der Produktion sollte auf die Prozesse wert gelegt werden, welche wertschöpfend sind. In anderen Worten, der Fokus soll auf die Prozesse gelegt werden an denen Profit erwirtschaftet wird. Alles andere sollte entweder profitabel gemacht, oder fremdvergeben werden.

**„Schuster bleib bei deinen Leisten!"**

Auch Großkonzerne kaufen inzwischen eine Vielzahl von Teilen aus den verschiedensten Gründen zu. Mit einem zuverlässigen Partner als Lieferant, können gemeinsame Strategien entwickelt werden um die Position am Markt zu verstärken oder zu verbessern. Stimmt die Lieferkette, kommt der Erfolg. Termingerechte Lieferzeiten in der gewünschten Qualität und Menge sind das A und O im Business. Funktionierende Prozesse garantieren, dass der Kunde meines Kunden zufrieden, oder sogar begeistert ist und wieder kauft. Davon profitiert nicht nur einer in der Kette, sondern im Idealfall alle. Langfristige Partnerschaften schaffen Vertrauen. Durch Vertrauen reduziert sich die Durchlaufzeit der Prozesse enorm. Abläufe in beiden Unternehmen sind ebenso wie deren Ansprechpartner bekannt. Jeder kennt die Eigenheiten des anderen, bzw. den speziellen Fokus, welches jedes Unternehmen hat. Langfristige Geschäftsbeziehungen haben jedoch nichts mit Abhängigkeiten zu tun. Es entbindet das Unternehmen nicht eine 2nd source Strategie zu implementieren und zu pflegen.

**Auch hier gilt – Vertrauen ist gut, Kontrolle ist besser!**

Damit wird klar, dass auch langfristige und eventuell schon eingefahrene Prozesse gemessen werden müssen um nachhaltige Erfolge zu erzielen. Verbesserungspotentiale gibt es überall, egal wie lange die Prozesse schon gelebt werden.

**Der kontinuierliche Verbesserungsprozess, kurz KVP, darf nie enden und nie gestoppt werden.**

**NOTIZEN**

5 Regeln der Produktion ©2012 M. Haman

# ABBILDUNGSVERZEICHNIS

5 Regeln der Produktion ©2012 M. Haman